# Christian Seltmann
# Fußballgeschichten für 3 Minuten

Für Anregungen und Kritik einen herzlichen Dank an: Kolya, Korvin, Janek, Jens, Dorota, Martin, Uta, Julia, Katharina, Fee, Leo, Christine, Inken und die Jungs vom Sportplatz unten an der Grundschule.

*Christian Seltmann*
studierte Geschichte, Germanistik und Philosophie in Bochum. Heute lebt er mit seiner Familie in Berlin als Autor und Übersetzer. Die Fußball-Bundesliga hört er samstags immer im Radio. Sein Verein ist seit über fünfzig Jahren nicht mehr Deutscher Meister geworden.

*Jann Wienekamp*
ist in der Nähe von Wuppertal geboren und aufgewachsen. Nachdem er schon früh viel Spaß am Malen und Zeichnen hatte, ging er später nach Düsseldorf, um dort an der Kunsthochschule zu studieren. Heute wohnt er in Köln, wo er malt und arbeitet und unter anderem Bücher für Kinder illustriert.

Christian Seltmann

# Fußballgeschichten für 3 Minuten

Mit farbigen Bildern von Jann Wienekamp

Arena

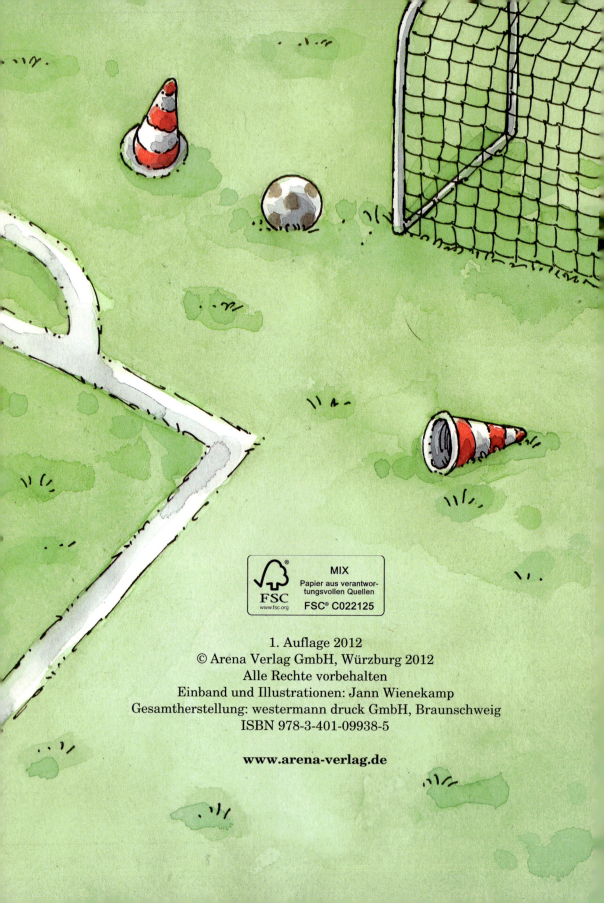

1. Auflage 2012
© Arena Verlag GmbH, Würzburg 2012
Alle Rechte vorbehalten
Einband und Illustrationen: Jann Wienekamp
Gesamtherstellung: westermann druck GmbH, Braunschweig
ISBN 978-3-401-09938-5

www.arena-verlag.de

# Inhalt

| | |
|---|---|
| Der Affenkäfig | 11 |
| Mia lernt lesen | 17 |
| Elfmeter mit Hindernissen | 22 |
| Der Verein wählt dich | 27 |
| Die Nacht-und-Nebel-Aktion | 32 |
| Selbst Schwestern können nützlich sein | 38 |
| Von den Leuten im Fußball | 43 |
| Die Stollenschuhe | 47 |
| Der Jugendscout kommt | 51 |
| Der Sammelrausch | 58 |
| Schlachtenbummler | 66 |
| Der Ball | 71 |
| Ein Traumschuss | 75 |

# Der Affenkäfig

Jonas wollte nicht umziehen. Er wäre lieber in der großen Stadt geblieben, bei seinen Freunden. Hier in dem Dorf, zwischen den Bergen, mit der Kirche am Fluss, hier kennt Jonas niemanden.

Am ersten Tag bringt Papa ihn zum Kindergarten. Es ist ein kleiner Kindergarten. Jonas hat Angst. Er hat Angst, dass die anderen Kinder über ihn lachen, weil er dick ist. Er hat große Angst. Deshalb ist er am liebsten allein und spielt mit seinem Gameboy. Da macht ihm keiner was vor! Aber hier, in dem neuen Kindergarten? Wie soll das bloß werden?

»Komm, du findest bestimmt bald neue Freunde!«, sagt Papa aufmunternd, als sie vor dem Kindergarten stehen. Aber Jonas ist sich da nicht so sicher. Papa schiebt Jonas durch die Tür.

Die Gruppenleiterin sieht eigentlich ganz nett aus. Sie setzt Jonas beim Frühstück neben einen Jungen, der Sebastian heißt. Der lächelt Jonas an und sagt: »Grüß dich, ich bin der Sebastian.«

Jonas lächelt auch und sagt: »Ich bin der Jonas.«

Vielleicht ist der Sebastian ja nett, denkt Jonas. Aber als die Gruppenleiterin weg ist, steht Sebastian auf und läuft zu den anderen Kindern. Jonas sitzt allein da und hat Angst, dass die anderen über ihn lachen.

Er packt seine Butterbrotdose aus, klappt sie auf und wieder zu. Mama hat wieder langweilige Brote geschmiert. Frischkäse, Magerquark. Mama will, dass Jonas abnimmt. Sie findet, dass er zu dick ist. Dabei ist sie selber dick und Papa auch.

Auf einmal treten zwei Turnschuhe in sein Blickfeld. Jonas guckt an den Beinen hoch, die in den Schuhen stecken. Es ist eine Erzieherin. Sie lächelt Jonas freundlich an und fragt: »Du bist neu hier, was?« Jonas nickt.

»Ich bin die Heidi. Bei mir hast du auch die Sportstunden.«

Jonas fährt der Schreck in die Glieder. Sport! Das hat ihm gerade noch gefehlt! In der alten Kita hat er die Sportstunden gehasst. Und die Sporttante sowieso.

»Wir spielen dienstags nach dem Mittagsschlaf immer Fußball. Magst du das?«, fragt Heidi.

Jonas weiß nicht, was er sagen soll. Dienstag? Das ist ja schon morgen!, denkt er.

Heidi setzt sich neben ihn. Sie fragt ihn, wo er bisher gewohnt hat und ob er da Fußball gespielt hat.

Jonas schüttelt den Kopf.

»Hm«, überlegt Heidi. »Hier spielen alle Fußball. Ich bin sicher, dir macht das Spaß.« Jonas ist sicher, dass ihm das überhaupt keinen Spaß machen wird!

»Weißt du, was?«, fragt Heidi fröhlich und springt auf. »Ich hab eine Idee! Du wirst unser Torwart!«

Müssen Torwarte nicht groß sein?, denkt Jonas.

Wieder zu Hause hängt Jonas sich am Abend mit ausgestreckten Armen minutenlang an die Treppe zum Dachboden. Zur Sicherheit zieht er die schweren Wanderschuhe an. Vielleicht wird er dadurch ein bisschen länger.

Er kann kaum einschlafen, weil ihm nicht aus dem Kopf geht, dass er morgen ins Tor soll. Groß werden müsste man. Über Nacht.

Am nächsten Morgen steht Jonas auf und misst nach, ob er gewachsen ist. Aber es hat sich nichts getan.

Den ganzen Dienstagmorgen fürchtet Jonas sich vor dem Dienstagnachmittag und dem Fußballspielen. Aber als Jonas auf den Platz kommt, erkennt er: Die haben nur ein einziges Tor. Und das ist ein Eishockey-Tor! Das Tor ist ganz klein. Und schmal. Wenn Jonas sich davorstellt, dann verdeckt er es fast zur Hälfte. Gut, dass er ein bisschen breiter ist als die anderen.

Heidi lässt die anderen Kinder zwei Mannschaften bilden. »Die können alle nicht fest schießen«, sagt sie zu Jonas und zieht ihm ein paar Handschuhe an. Jetzt ist er ein echter Torwart. Da kommt der erste Schuss. Gehalten. Der nächste, gehalten! Jonas hat schon viel weniger Angst.

Sebastian kommt auf ihn zu und sagt: »Du bist ja echt gut im Tor!«

Jonas ist stolz. Heidi grinst ihn an: »Siehst du? Ich hab doch gesagt, dass du einen pfundigen Torwart abgibst.«

So geht es den ganzen Frühling und den ganzen Sommer. Sebastian und Jonas sind längst dicke Freunde geworden. Dann endet der Kindergarten für sie. Nach den großen Ferien kommen sie in die Schule.

Am letzten Kindergarten-Tag fragt Jonas Sebastian: »Wo spielen denn die Schulkinder Fußball?«

»Da! Im Affenkäfig!« Sebastian zeigt auf einen Fußballplatz, der rundum von einem hohen Gitterzaun umgeben ist. Aber das Tor! Jonas kriegt große Augen. Das Tor ist so groß wie ein Handballtor. Die Querlatte hängt so hoch wie die Tür in seinem Zimmer. Wie soll er da die Bälle halten? Zum ersten Mal seit Monaten hat Jonas wieder Angst und kann nicht einschlafen.

Dann kommt der erste Schultag. Schon in der zweiten Stunde steht Sport auf dem Stundenplan.

»Wer geht ins Tor?«, fragt der Sportlehrer.

Alle sehen Jonas an.

Sebastian sagt auch noch: »Na, der Jonas, wie immer.«

Was soll Jonas machen? Er stellt sich ins Tor. Probeweise streckt er die Arme zur oberen Latte aus. So weit entfernt ist die ja gar nicht. Dann springt er ein paarmal hoch. Er kommt fast dran! Wahnsinn!

15

Das Spiel geht los. Schuss aufs Tor. Jonas hält. Den nächsten auch. Dann den nächsten.
Nach dem Spiel lobt der Sportlehrer ihn. »Du hast Talent. Willst du nicht in den Verein eintreten?« Jonas betrachtet sein Spiegelbild verstohlen in der Fensterscheibe. Er sieht ganz anders aus als früher. Vielleicht ist er wirklich länger geworden? Oder ist es nur das viele Training? Egal. Jonas ist jetzt Torwart! Und er hat keine Angst mehr.

# Mia lernt lesen

Die Jungs rennen hinter dem Ball her. Und Mia rennt hinter den Jungs her. Denn Mia ist die Jüngste und sie kommt fast nie an den Ball. Wieder fällt ein Tor. Es steht 10 : 0. Für die anderen. Mias Mannschaft hat verloren. Mist, denkt Mia.

»Noch mal!«, befiehlt Leon. »Aber jetzt ohne die da!« Er zeigt mit dem Finger auf Mia und sagt zu ihr: »Du bist ein Mädchen und außerdem bist du zu klein. Hau ab!« Mia fällt keine Antwort ein. Ihr steigen vor Wut Tränen in die Augen. Sie hört das Gelächter der anderen, dreht sich um und läuft, so schnell wie sie kann, nach Hause.

Da sitzt sie nun in der Küche. Mama hantiert mit dem Abendessen herum. »Lass den Kopf nicht hängen, Mia«, sagt sie. »Du kannst doch mit Luisa Softball spielen.«

Mia springt wütend auf: »Ich will aber nicht mit Luisa Softball spielen. Ich will Fußball spielen. Schließlich will ich Fußball-Profi werden.« Und schon ist sie hinausgelaufen, die Treppe hinunter und hat ihre Zimmertür zugeschlagen, dass es nur so knallt.

Mia wirft sich auf ihr Bett und vergräbt sich in der Bettdecke mit dem Real-Madrid-Logo darauf. »Ein Mädchen! Na und?«, schnauft sie. Ihr Blick fällt auf das Plakat der deutschen Frauen-Fußball-Nationalmannschaft: Mias große Vorbilder.

»Zu klein!« Mia springt auf und stellt sich an das Maßband. Sie ist einen Meter und elf Zentimeter groß. »Das ist völlig in Ordnung!«

Beim Abendessen erzählt sie Papa, was Leon gesagt hat. Papa ist immer auf ihrer Seite.

»Größe ist beim Fußball nicht wichtig«, erklärt Papa. »Berti Vogts war klein, Rudi Völler war klein, Pelé war klein.«

»Sogar Gerd Müller war klein!«, ruft Mia. »Und der war ein Superstar. In der deutschen Nationalmannschaft! Und bei Bayern München.«

»Genau!«, sagt Papa.

»Aber davon hab ich nichts«, mault Mia.

Papa überlegt. »Was machen die Jungs auf dem Fußballplatz, wenn sie den Ball wollen?«, fragt er.

Mia erklärt: »Sie laufen alle immer dahin, wo der Ball ist. Und sie sind schneller als ich.«
»Das hab ich mir gedacht. Wenn die anderen schneller sind als du, musst du schlauer sein. Du musst das Spiel lesen«, sagt Papa.
»Was heißt das denn, das Spiel lesen?«, fragt Mia.
»Wenn du da bist, wo der Ball hinkommt. Wenn du erkennst, wo der Torschütze hinläuft, und wenn du die freien Räume siehst, um in sie hineinzulaufen. Das heißt, ein Spiel lesen.«
»Hm.« Mia nickt und denkt den ganzen Abend darüber nach.

Am nächsten Tag kommt Mia zum Fußballplatz. Jonas ist nicht da. Wahrscheinlich kommt er noch. Die Jungs beäugen sie. »Willst du mitmachen?«, fragt einer.

Mia schüttelt den Kopf. Sie setzt sich an den Rand und schaut zu. Eine ganze Stunde lang. Sie beobachtet, wie Paul immer dann zum Tor läuft, wenn seine Mannschaft den Ball kriegt. Er bekommt einen Pass zugespielt und muss nur noch den Fuß hinhalten. Und schon fällt ein Tor. Sie sieht auch, dass Lennard, Anton und Mahmud den Ball immer sofort irgendwo in die Mitte schießen, wenn sie ihn einem Gegenspieler abgenommen haben.

Dann müssen die Zwillinge Gustav und Felix nach Hause.

»Was ist jetzt?«, fragt Lennard, der heute anscheinend der Chef ist. »Machst du mit?«

Mia nickt. Lennard und Mahmud wählen abwechselnd.

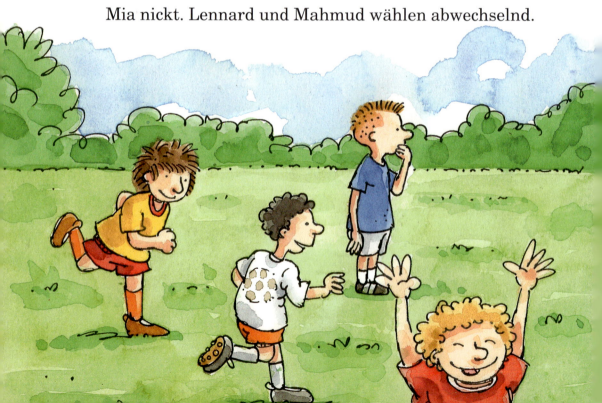

Mia nehmen sie als Letzte. Sie spielt in Lennards Team. Aber diesmal rennt sie nicht hinter allen anderen her. Sie stellt sich zwischen Paul und den Ball. Abgewehrt! Sie läuft in die Mitte, wenn alle wie die jungen Hunde nur dem Ball hinterherrennen. Sie ist immer schon da, wo der Ball hinkommt. Sie liest das Spiel. Dann fällt das Tor. Mias erstes Tor. Alle jubeln: »Super, Mia. Cool gemacht.«

»Nicht schlecht!«, ruft plötzlich jemand. Mia dreht sich um. Da steht Leon. Was will der denn?

»Du bist ganz schön clever! Kann ich mitspielen?«, fragt er. Mia grinst. »Warum nicht?«

Seit diesem Tag sagt niemand mehr, dass Mia zu klein ist oder »nur ein Mädchen«. Denn Mia kann das Spiel lesen.

# Elfmeter mit Hindernissen

Drachen spielen nicht Fußball. Außer Fredo. Denn der ist anders. Er ist ein sehr junger, sehr moderner Drache mit seinen 138 Jahren. Er besitzt ein Radio, einen Fernseher und sogar ein Handy. Allerdings kann er damit niemanden anrufen, weil die anderen Drachen alle kein Telefon haben. Aber das Radio und der Fernseher funktionieren. Sehr zum Leidwesen von Fredos Mama. Die findet es nämlich absolut unmöglich, dass Fredo sich mit solchen Menschen-Sachen beschäftigt. »Geh lieber raus und jag einen Ritter!«, sagt sie oft.
»Mama, es gibt keine Ritter mehr!«, ruft Fredo dann aus seinem Zimmer, wo er die Fußballübertragung im Radio verfolgt.
»Ach was!«, winkt Mama ab. »Drachen müssen Ritter erschrecken und nicht Stimmen aus irgendwelchen

Kästchen lauschen.« Sie deutet mit dem Kopf zum Radio hinüber.

»Pst!«, macht Fredo, denn nun kommt die Schlusskonferenz. Die letzte Viertelstunde aller Bundesliga-Spiele wird gleichzeitig verfolgt. Fredo ist jedes Mal völlig gebannt. Mama hat er ganz vergessen.

Beim Abendessen gibt es Lammbraten. Mama wendet sich an Papa: »Fredo hat nichts als diesen technischen Kram im Kopf!«

»Stimmt das?«, fragt Papa Fredo. Der schüttelt den Kopf. »Ich hab nur die Fußballreportagen gehört.«

Aber Mama legt nach: »Fußball ist nichts für Drachen!«

Papa sagt: »Nur weil Drachen bisher kein Fußball gespielt haben, heißt es ja nicht, dass das ewig so bleiben muss.« Fredo horcht auf. Was soll das denn heißen?

Am nächsten Morgen überrascht Papa ihn: »Ich hab da neulich jemanden erschreckt, der hatte ein ganzes Netz Bälle dabei. Ein Trainer oder so was war der!«

Fredo kann sein Glück kaum fassen. Papa hält seine Beute hoch: ein riesiges Netz voller Fußbälle. »Wie geht das jetzt mit dem Fußball?«, fragt er.

Fredo steht ein paar Meter vom Ball entfernt, um Anlauf zu nehmen. Er ist wahnsinnig aufgeregt. Endlich einmal selbst Fußball spielen! Wie er sich das gewünscht hat. Papa steht im Tor. Das heißt, er steht vor

dem Eingang der Drachenhöhle. »Jetzt schieße ich einen Elfmeter«, sagt Fredo.
Papa nickt. »Und ich muss den Ball fangen?«
»Genau.«
»Na dann. Los!« Papa sieht erwartungsvoll aus.
Fredo läuft auf den Ball zu. Er ist ja so aufgeregt! Kurz vor dem Ball stoppt er ab und zielt mit dem Fuß auf den Ball. Aber was ist das? Vor lauter Aufregung spuckt Fredo aus Versehen eine gehörige Ladung Feuer. Der Ball schrumpelt in den Flammen zu einem Häufchen Asche und verschmurgeltem Plastik zusammen.
»Oh!«, ruft Fredo enttäuscht. »Das wollte ich nicht.«

Papa wiegt nachdenklich den Kopf hin und her und sagt: »Versuch's noch mal. Und vielleicht guckst du zu mir, wenn du schießt. Dann gehen die Flammen über den Ball hinweg.«
»Prima Idee!« Fredo ist begeistert. Papa hat immer eine Lösung parat. Er nimmt einen weiteren Ball aus dem Netz und legt ihn neben das, was von dem ersten Ball noch übrig ist. Fredo nimmt Anlauf. Papa stellt sich vor die Höhle. »Fertig!«, sagt er.
Fredo rennt los, er blickt zu Papa hinüber, die Flammen gehen geradeaus, keine Gefahr für den Ball. Fredo tritt mit der Fußspitze zum Ball. Es macht laut: »Pffft!« Fredo und Papa schauen sich betreten die Bescherung an.

Die scharfen Krallen an Fredos Fuß haben sich in den Ball gebohrt. Der Ball steckt schlaff daran fest. Er ist hin.

»So ein Mist!«, schimpft Fredo. Aber da unterbricht Mamas Stimme ihn. Sie steht auf der Wiese vor der Höhle und hat alles mit angesehen. »Vielleicht versuchst du es mal mit der Seite vom Fuß«, schlägt sie vor.

»Mit der Seite vom Fuß?«, staunt Fredo. Das erscheint ihm irgendwie falsch. »Schießt man nicht mit der Fußspitze?«

»Meinst du?«, fragt Papa.

Mama hat zwar keine Ahnung von Fußball, aber Papa und Fredo letztlich auch nicht. Mama zuckt mit den Schultern. »Versuch's doch mal.«

»Gut«, seufzt Fredo. Er nimmt Anlauf. Papa steht bereit. Fredo läuft an, tritt mit der Innenseite des Fußes gegen den Ball. Und der fliegt in hohem Bogen Richtung Höhle, an Papa vorbei. »Tor!«, jubelt Fredo.

Mama lächelt. Fredo und Papa spielen den ganzen Nachmittag Fußball. Und jetzt geht auch kein Ball mehr kaputt.

# Der Verein wählt dich

Janek sitzt vor dem Radio. Er hört sich die Fußballergebnisse der laufenden Bundesliga-Spiele an. Bei heruntergelassenen Jalousien.
»Janek, geh raus in den Garten zum Spielen!«, ruft Mama. Aber Janek hört gar nicht hin. »Mama!«, sagt er genervt. »Ich muss bei der Hertha sein.«
»Du musst an der frischen Luft sein«, antwortet Mama. »Und jetzt raus mit dir!« Sie duldet keine Widerrede.
Janek erhebt sich vom Sofa. »Ich nehme das Radio aber mit«, sagt er in einem Ton, der seinerseits keinen Widerspruch dulden soll. »Na gut«, seufzt Mama.
Janek tritt hinaus auf die Veranda. Das Sonnenlicht blendet ihn. Er stellt sich in den Schatten und lauscht dem Radio. Der Kommentator ertönt aufgeregt aus dem kleinen Lautsprecher: »Die Herthaner scheinen der dro-

henden Niederlage nichts mehr entgegenzusetzen. Sie sind am Ende. Das wäre dann die fünfte Niederlage in Folge. Der Abstieg unabwendbar, wenn nicht ein Wunder geschieht. Da versucht es Ricardo noch einmal über die Außen. . .«

Janek spürt, wie sein Puls schneller geht. Vielleicht fällt doch noch ein Tor, vielleicht ein Unentschieden? Ein Punkt? Papa meint, dass das der Hertha nicht viel bringen wird. Siege müssen her. Siege mit drei Punkten, und zwar mehrere hintereinander. »Aber das ist aussichtslos«, sagt Papa. »Die Mannschaft hat die Saison schlecht begonnen, mies ist man aus der Winterpause gekommen und katastrophal sieht es jetzt drei Spieltage vor Saisonschluss aus.«

»Be . . . scheiden«, wie Papa sich ausdrückt, um nicht Schlimmeres zu sagen. Papa! Janek weiß, dass Papa im Autoradio auch Fußball hört. Sie sind beide glühende Hertha-Fans und bei jedem Heimspiel im Stadion. Wenn Papa nicht arbeiten muss. Das muss er allerdings ziemlich oft. Auch am Samstag.

Julia, Janeks doofe große Schwester, kommt mit dem Gartenschlauch um die Ecke. »Du könntest mir helfen«, sagt sie vorwurfsvoll. »Pst!«, zischt Janek, denn der Kommentator aus dem Radio ruft: »Damit laufen die letzten anderthalb Minuten der Nachspielzeit ab. Her-

tha hat es nicht geschafft, das Blatt zu wenden. Aber: Was ist das?«

Janek horcht auf.

»Foul an Guardini. Der Schiedsrichter zeigt auf den Elfmeterpunkt. Elfmeter für Hertha. Das dürfte die letzte Aktion des Spiels sein. Wenn der zum Tor verwandelt wird, besteht noch ein Fünkchen Hoffnung, dass die Herthaner nicht in die 2. Bundesliga absteigen.«

»Jaaaaanek!« Julia nörgelt. Aber Janek reagiert nicht.

»Tschitschirin läuft an. Die 65.000 im ausverkauften Olympiastadion halten den Atem an. Tschitschirin schießt. Er zielt ins lange Eck.«

Janek bleibt fast das Herz stehen. Und der Kommentator schreit aus dem Radio: »Heinrichs hält! Heinrichs hält!« Seine Stimme überschlägt sich. Janek beginnt zu frösteln, obwohl es schon fast richtig Sommer ist.

»Das war's, der Schlusspfiff. Eine weitere Niederlage. Damit ist die Hertha abgestiegen.«

Janek schaltet das Radio aus und lässt sich auf die Fliesen der Veranda sinken. »Warum bist du eigentlich für diesen Verlierer-Verein?«, fragt Julia. Janek versucht, sie nicht zu beachten. Er denkt: Abstieg. Mist! Wenn Papa doch nur da wäre . . .

»Hertha. Klingt ja wie eine dicke alte Tante. Komischer Vereinsname.« Julia scheint kein Mitleid zu kennen.

Da muss Janek an Papas Worte denken: »Wer absteigt, steigt auch wieder auf.«

»Mann, Janek, ist doch nur ein Fußballverein!« Julia versteht überhaupt nichts. »He, Julikowski!«, blafft Janek seine Schwester an. »Lass mich in Ruhe! Siehst du nicht, dass hier Trauer angesagt ist?«

»Pass auf, Kleiner, sonst fängst du dir eine mit dem Gartenschlauch!«, sagt Julia.

»Schon klar«, brummt Janek. Er ist so niedergeschlagen, dass ihm Julias Drohungen egal sind. Warum ist Papa jetzt nicht hier?

Julia verliert anscheinend die Lust an Janek. »Dann

kannst du ja nächste Saison für Bayern sein. Die gewinnen öfter«, ruft sie und schlurft in Richtung der Hollywoodschaukel. Janek schüttelt den Kopf. Als wenn man sich einfach einen Verein aussuchen könnte.

»Der Verein sucht dich aus, nicht du den Verein. Das sagt Papa auch immer!«

»Na, mein herzliches Beileid!«, spottet Julikowski.

»Das verstehst du nicht, Julia«, sagt Papa, als er um die Ecke kommt. »Einmal Hertha, immer Hertha!«

Papa ist da. Endlich! Und Julia hält die Klappe. Janek muss lächeln. Denn Papa versteht ihn.

# Die Nacht-und-Nebel-Aktion

Die jungen Vampire trafen sich im Fußballstadion. Heimlich. Bei Nacht.

»Nicht schlecht«, sagte Hungarius mit anerkennendem Blick auf das riesige Stadion, das leer und düster unter ihnen lag. Der Neumond tauchte den Rasen, die endlosen Sitzreihen und leeren Tribünen in ein gleißendes, aber fahles Licht.

Dorian sagte ein wenig ängstlich: »Wir dürfen uns bloß nicht erwischen lassen.« Kolya, der gerade gelandet war, nickte: »Stimmt.« Und Zacharias fügte hinzu: »Wenn der Fürst das mitkriegt, dann heißt es Gruftarrest.«

»Mindestens eine Woche!«, ergänzte Susan düster.

Doch Kolya wollte jetzt nicht an Gruftarrest denken, sondern loslegen.

»Was sind das da für lange Pfosten?«, fragte der kleine Roberto.

Alle blickten zu den unheimlich hoch aufragenden Masten hinüber. Es gab vier davon. Einen an jeder Ecke des Stadions.

»Sehen aus wie zu groß geratene Fliegenklatschen«, meinte Kolya. »Ach kommt, lasst uns endlich anfangen!«, schlug Oscar vor. »Halt!«, rief Roberto dazwischen. »Mit oder ohne Fliegen?« – »Mit!«, sagte einer der jungen Vampire. »Ohne!«, erwiderte Zacharias. »Nur weil du den Hintern nicht so schnell hochkriegst!«, spottete Susan. »Du kriegst gleich meine Zähne zu spüren!«, rief Zacharias. »Dafür müsstest du mich erst mal fangen!«, lachte Susan und schoss wie eine Rakete in die Luft.

Sie einigten sich auf Fußball mit Fliegen. Alles andere wäre Kolya auch bescheuert vorgekommen. Schließlich waren sie Vampire.

Sie rannten und flogen, schossen einander den Ball zu, schrien durcheinander und hatten einen Riesenspaß. Nach ungefähr einer halben Stunde bemerkte Kolya, dass ein starker Wind aufkam. Es schauderte ihn. Der Wind verhieß nichts Gutes. Er sah zu Susan hinüber, der Igor gerade einen Ball abjagte.

Mit einem Mal schossen aus den vier Masten an den

Ecken des Stadions unglaublich helle Lichtblitze. Das gesamte Stadion war plötzlich hell. Taghell. Heller als taghell! Alle Vampire fielen getroffen zu Boden.

Sie jammerten und riefen alle durcheinander: »Die Sonne!«

»Hilfe!«

»Das ist das Ende!«

»Wir werden alle sterben!«

»Mann, wir sind doch schon gestorben!«

»Ach so, ja, stimmt.«

»Seid ihr Nebelkrähen oder Vampire?«, donnerte da eine Furcht einflößende Stimme aus dem Licht heraus. Es war der Fürst der Finsternis.

Kolya erstarrte. Warum bin ich noch nicht zu Asche zerfallen?, dachte er. Wenn Vampire ins Sonnenlicht kommen, zerfallen sie innerhalb kürzester Zeit zu Asche. Kolya konnte sich das nicht erklären.

Im gleißenden Licht landete der Fürst der Finsternis unsagbar elegant mitten auf dem Fußballfeld. »Was ist los, ihr Feiglinge?«, dröhnte er.

Der Fürst der Finsternis stand ganz still da. Hoch ragte seine magere Gestalt auf, umhüllt von dem schwarz-roten Umhang. »Ich warte!«, zischte er.

Die jungen Vampire merkten, dass das grelle Licht sie nicht zu Asche verglühte.
»Kommt her!«, befahl der Fürst.
Langsam und schüchtern näherten die jungen Vampire sich ihrem Herrn. Der Fürst sah sie durchdringend an. Keiner der Jungvampire wagte es, einen Laut zu sagen. Plötzlich grinste der Fürst über das ganze Gesicht. »Hihihi!« Er kicherte. »Hahaha!« Dröhnend lachte er los.
»Ihr seid mir ein paar Flitzpiepen!«, prustete er.
Die jungen Vampire machten belämmerte Gesichter.
»Flitzpiepen?«, fragte Kolya leise. Er verstand jetzt gar nichts mehr.

Der Fürst hatte das gehört. Er nickte. Und bog sich gleich wieder vor Lachen: »Flitzpiepen! Jawohl, das seid ihr!«
Die jungen Vampire verstanden nur Schlachthof. Der Fürst wischte sich die Tränen von den eingefallenen Wangen und deutete auf die Masten. »Das ist nicht die Sonne! Das sind Scheinwerfer! Man nennt das Flutlicht!«
»Flutlicht?«, fragten die Jungvampire ein wenig dämlich. »Ja, Flutlicht!«, wiederholte der Fürst.
»Ach so.« Langsam fiel der Groschen bei den Jungvampiren. »Das ist dafür da, damit man beim Spielen was sieht.«
Der Fürst schwebte langsam in die Höhe. Kolya er-

schrak. Nun würde er sie gleich bestrafen und den Gruftarrest verhängen. »Das Flutlicht ist nicht nur dafür da, damit man beim Spielen was sieht«, rief der Fürst. »Sondern vor allem, damit die Zuschauer die Spieler sehen, ihr Holzköpfe!«

Wollte der Fürst sie denn gar nicht bestrafen? Kolya wunderte sich.

»Los! Ich will euch spielen sehen! Die Gewinner dürfen mit mir in die Blutbank!«, sagte der Fürst gönnerhaft und ließ sich langsam auf der Ehrentribüne nieder. »Spielt Fußball für mich!«

Das ließen sich die jungen Vampire nicht zweimal sagen. Sie spielten, was das Zeug hielt. Denn jeder wollte mit zur Blutbank. Sie hatten einen Riesenspaß!

## Selbst Schwestern können nützlich sein

Lukas sitzt in seinem Zimmer und langweilt sich. Draußen regnet es in Strömen. Fernsehen darf er nicht, lesen will er nicht. Und seine Freunde sind alle irgendwie verplant. Der eine hat Klavierunterricht, der andere Kinder-Yoga, der nächste wohnt zu weit weg. Wenn er wenigstens an Henrikes Computer könnte. Aber auf den passt seine große Schwester auf wie auf einen Goldschatz. Sie braucht ihn für die Schule, sagt sie. Dabei surft und chattet sie fast nur damit. Henrike, seine bekloppte große Halbschwester.
Lukas blättert gelangweilt in seiner Fußballzeitschrift. Sein Blick fällt auf eine Anzeige: »DEIN LIED FÜR DEUTSCHLAND«, steht da. »Komponiere und texte das Fan-Lied für die Fußball-Europameisterschaft der Frauen und gewinne einen tollen Preis.«

Lukas überlegt, ob das was für ihn wäre. Aber erst schließt er mal die Tür ab. Es muss ihn ja nicht jeder sehen, wie er singt und textet. Kaum hat er sich an seinen Schreibtisch gesetzt, hämmert es an die Tür: »Mittagessen!« Henrike, seine Schwester . . .

»Komme gleich«, antwortet Lukas.

Henrike rüttelt an der Türklinke. »He! Warum hast du denn abgeschlossen?« Blitzschnell ist Lukas an der Tür. Er schließt auf und huscht hinaus zu Henrike.

»Lukas schließt seine Tür ab«, petzt Henrike beim Essen. Sie ist echt bekloppt!

Stefan guckt erstaunt Mama an. Stefan ist Mamas Freund. Lukas' Papa heißt Andy und wohnt nicht bei ihnen. Er hat eine neue Freundin. Die heißt Petra. Henrikes Papa heißt Ulli. Aber Ulli wohnt auch nicht hier. Aber eigentlich ist das egal.

Stefan sagt nur: »Ach?«

Mama wendet sich an Henrike: »Bei uns wird nicht gepetzt. Du hast heute Abend Küchendienst, klar?«

Lukas grinst. Das hat sie nun davon. Dann schaut Mama zu Lukas und sagt: »Und die Türen werden bei uns auch nicht abgeschlossen. Kein Fernsehen heute Abend, klar?«

Lukas erschrickt und denkt: So was Blödes. Und das bei dem Wetter.

Nach dem Essen verschwindet Lukas wieder in seinem Zimmer. Er tüftelt an einem Text, in dem es um Sieg und Freundschaft geht. Da klopft es an der Tür. »Herein«, ruft Lukas. Es ist Henrike. Was will die denn?

»Na?«, fragt sie. »Was, na?«, entgegnet Lukas patzig. »Was machst du?«, fragt Henrike neugierig. »Nichts«, sagt Lukas. »Doofes Wetter, was?« Henrike klingt irgendwie netter als sonst. »Hm.« Lukas nickt.

Henrike kommt ganz herein und schließt die Tür. »Hast du Hausaufgaben auf?« – »Nee«, sagt Lukas.

Mit einem schnellen Griff hat sich Henrike das Blatt mit Lukas' Versuchen für einen Liedtext geschnappt. »He!«, protestiert Lukas.

Aber Henrike lobt ihn: »Kleiner, du kannst ja richtig reimen! Wofür ist denn das?« Lukas windet sich. »Für so einen Wettbewerb . . .«

»Echt?«, fragt Henrike. »Kann ich mitmachen?«

Lukas sagt nichts. Henrike gibt ihm das Blatt zurück. »Tut mir leid, dass du nicht fernsehen darfst.« Lukas zögert. »Tut mir leid mit dem Küchendienst.« Henrike zuckt mit den Achseln. »Was ist jetzt? Kann ich mitmachen?«

Lukas ist einverstanden. Die beiden setzen sich an Henrikes Schreibtisch und Henrike richtet den Bildschirm des Computers aus. Die Kamera hat Lukas genau im

Blick. Dann schaltet Henrike auf Aufnahme. Lukas singt das Lied, das er sich selbst ausgedacht hat. Der Computer nimmt davon ein Video auf. Und das lädt Henrike ins Internet hoch.

Die nächsten Wochen wartet Lukas. Jeden Tag, wenn er von der Schule kommt, schaut er zusammen mit Henrike nach seinen Mails. Nichts . . . Jeden Tag blättert er durch den Poststapel im Flur. Nichts . . .

Eines Tages kommt Lukas nach Hause und da liegt ein großer Umschlag auf seinem Platz am Esstisch. Mama sagt: »Post für dich. Vom Deutschen Fußball-Bund!«

Henrike kriegt Stielaugen. »Mach schon auf!« Aber Lukas macht auf cool. »Später. Erst mal essen.«
Danach geht Lukas auf sein Zimmer und schließt ab. Er reißt den Umschlag auf und zieht einen Brief heraus. »Lieber Lukas«, heißt es da. »Wir freuen uns, Dir mitteilen zu dürfen, dass Du mit Deinem Video beim Wettbewerb DEIN LIED FÜR DEUTSCHLAND den 1. Preis gewonnen hast. Dein Song wird das offizielle Fan-Lied für die nächste Fußball-Europameisterschaft der Frauen. Wir laden Dich ein, in Berlin bei der Aufnahme des Liedes im Tonstudio dabei zu sein. Außerdem wirst Du bei der Turnier-Eröffnung mit Deinen Freunden auf der Ehrentribüne sitzen. Mit freundlichen Grüßen. Der DFB-Präsident.«
Hammer!, denkt Lukas. Er könnte schreien vor Glück. Da rüttelt jemand an der Klinke. »He, du sollst nicht abschließen«, ruft Henrike.
Lukas schlendert zur Tür, schließt sie auf, schlendert wieder zurück, setzt sich an seinen Schreibtisch und legt die Füße hoch. Henrike kommt herein. »Na?«, fragt sie. »Na?«, sagt Lukas. »Willst du mit nach Berlin?«
»Klar!«, lacht Henrike. Wofür so ein verregneter Nachmittag gut sein kann.

## Von den Leuten im Fußball

Beim Fußball gibt es viele merkwürdige Wörter: Spielführer, Torwart, Schiedsrichter, Torschütze, Zeugwart, Schlachtenbummler, Linienrichter. Und das sind längst noch nicht alle. Sehen wir uns diese Leute im Fußball doch einmal genauer an.

Der Schlachtenbummler bummelt von Schlacht zu Schlacht. Moment! Was für eine Schlacht? Heißt es nicht Fußball-Spiel? Tja, das ist so eine besondere Sache beim Fußball. Manche Leute meinen, Fußball ist die wichtigste Nebensache der Welt. Und für die ist es kein Spiel, sondern Ernst. Und dann sagen sie statt Spiel eben Schlacht.

Der Schlachtenbummler ist also ein Fan, der dort ist, wo die Mannschaft spielt. Er fährt dorthin mit dem Bus oder der U-Bahn. Oder er geht einfach zu Fuß.

Der Schlachtenbummler bummelt von Schlacht zu Schlacht.

Schwieriger ist es mit dem Zeugwart. Der Zeugwart wartet das Zeug. Also Trikot und Schuhe der Spieler. Genau genommen wartet er AUF das Zeug. Er wartet, dass er das schmutzige Zeug in die Waschmaschine stecken kann. Deshalb heißt er Zeugwart.

Der Torwart hingegen wartet das Tor. Genau genommen wartet er IM Tor und passt auf, dass kein Tor fällt oder dass der Ball nicht in sein Tor kommt. Der Torwart wartet die meiste Zeit des Spiels, weil der Ball selten aufs Tor geschossen wird. Je besser die Mannschaft ist, desto mehr wartet der Torwart. Nebenbei gesagt ist das fast das Schwierigste am Torwartsein: zu warten und zu warten und dabei nicht einzuschlafen.

Der Torjäger aber, der jagt nicht das Tor, der jagt den Ball. Das Tor bleibt ja immer an der Stelle stehen, wo man es hingestellt hat. Und doch ist es für den Torjäger mal ganz nah und dann wieder unerreichbar fern. So wie für den Jäger ein Reh. Für den Torjäger sieht es also so aus, als liefe das Tor vor ihm davon. Und er muss es jagen.

So weit, so gut. Aber manches im Fußball ist auch komisch.

Zum Beispiel das Wort »Spielführer«. Das ist der Kapitän der Mannschaft. Deshalb steht auf seiner Armbinde, die er über dem Trikot trägt, »Spielführer«. Doch der Spielführer, der führt gar nicht das Spiel, denn dann würde seine Mannschaft ja immer gewinnen. Und das geht nicht. Denn beide Mannschaften haben einen Spielführer. Und dass beide Mannschaften gewinnen, das geht nicht. Was also führt der Spielführer? Nicht WAS, sondern WEN muss die Frage lauten. Denn er führt seine Mitspieler an. Aber warum heißt er dann nicht Spielerführer?

Noch merkwürdiger ist es mit dem Torschützen.

Der schützt nicht das Tor, denn das macht ja der Torwart. Der Torschütze schießt Tore. Warum heißt er dann aber nicht Torschießer?

Dann kommen wir noch zu denen, die den Ball nicht anfassen dürfen. Den Linienrichtern und dem Schiedsrichter. Nun, die Linienrichter, sie richten an den Außenlinien des Spielfeldes darüber, ob der Ball über der Linie ist. Deshalb heißen sie natürlich Linienrichter. Aber der Schiedsrichter, worüber richtet der?

45

# Die Stollenschuhe

Oskar hielt den Karton mit beiden Vorderbeinen fest und hob den Deckel mit dem Rüssel hoch. Da waren sie also. Die Fußballschuhe von Cousin Bertram. Oskar nahm sie aus dem Paket. Sie waren kaum gebraucht. Damit würde er Tore schießen. Endlich Tore schießen!
»Mama!«, rief er. »Ich gehe rüber zum Fußballplatz!«
»Aber was ist mit dem Essen?«, fragte Mama und deutete mit dem Rüssel auf ein riesiges Büschel Palmenzweige. Das Essen war Oskar jetzt egal. Er hockte schon auf der Treppe und schnürte den ersten der Stollenschuhe zu. Richtige Aluminiumstollen hatten die unten an der Sohle!
Als Oskar auf den Fußballplatz kam, waren die anderen schon da. Und wie immer war er der Größte. Blöd war das. Nie schoss er Tore. Und meistens stand er den an-

deren im Weg. Heute aber, heute hatte er richtige Fußballschuhe.

Ingo Panther bemerkte Oskars neue Schuhe als Erster.
»He, Ossi! Was hast du denn da an?« Oskar hasste es,
wenn Ingo »Ossi« zu ihm sagte.

Deshalb entgegnete er nur ganz kurz: »Fußballschuhe!«
»Zeig mal her!«, rief Ingo. Oskar gehorchte. Und Ingo be-
trachtete eingehend die neuen Schuhe. »Ganz schön
teuer, oder?«

»Sind von meinem Cousin. Der spielt bei einem Profi-
verein«, erzählte Oskar stolz.

»Kommt, lasst uns anfangen, bevor die Sonne zu hoch
steigt«, sagte Ingo, nachdem sie noch eine Weile die
Schuhe bewundert hatten. Ingo hasste es, in der prallen
Sonne zu spielen, weil dann sein schwarzes Fell immer
ganz heiß wurde.

Sie waren insgesamt neun Spieler: Oskar, Ingo, Wilhelm Wisent, Theo, der Tapir, Hugo Hyäne und die vier
Ameisenbären. Günther Geier machte wie immer den
Schiedsrichter. Er saß ganz oben auf dem abgestorbe-
nen Baum und bewegte nur die Augen. Trotzdem hatte
er alles genau im Blick. Günther konnte wahnsinnig gut
gucken. Er war der beste Schiedsrichter der Savanne.

Als Tore dienten ihnen auf jeder Seite zwei Termitenhügel. Adam, der Ameisenbär, und seine Brüder Alfons,

47

Ansgar und Armin hatten die Termiten mit ihren langen Rüsseln herausgesaugt. Alfons und Armin machten wie immer die Torhüter.

Das Spiel begann. Und es lief für Oskar besser als sonst. Zwar war er nicht im Entferntesten so schnell wie Wilhelm, Hugo oder gar Ingo, jedoch rutschte er auch nicht bei jeder Kehrtwendung aus wie sonst.

Aber natürlich machte Ingo auch heute wieder den Trick, den Oskar nicht mochte. Er spielte über Bande. Das heißt, Ingo schoss Oskar den Ball vor den Bauch. Der Ball prallte von Oskars Bauch ab. Und Ingo spielte weiter.

»Lass das, Ingo!«, rief Oskar verärgert. Aber Ingo lachte nur. Das machte Oskar so wütend, dass er sich bei der nächsten Gelegenheit den Ball schnappte und seine Stollenschuhe fest in die Erde stemmte. Er rannte und rannte und trieb den Ball mit dem Rüssel vor sich her. Oskar wurde immer schneller und schneller. Schon sah er Alfons zwischen den beiden Termitenhügeln vor sich. Hugo stellte sich Oskar in den Weg, sprang aber gleich wieder zur Seite und fauchte: »Foul!«

Günther schrie von seinem Baum herunter: »Vorteil!«

Aber Oskar konnte sowieso nicht mehr stoppen.

Alle riefen durcheinander: »Hilfe!«

»Pass auf!«

»Nein!«

Oskar walzte alles platt: Alfons, den Ball, einen Termitenhügel. Er prallte vor Günthers Baum. Der wackelte so sehr, dass Günther von seinem Ast fiel und die Flügel ausbreiten musste.

»Tor!«, rief Oskar. »Tor! Tor! Tor!«

Günther pfiff. Alle guckten zu ihm. Oskar war ganz gespannt. Würde das gelten, obwohl er beträchtlichen Schaden angerichtet hatte?

»Tor!«, entschied Günther. Und alle aus Oskars Team jubelten.

Sogar Ingo kam zu Oskar und sagte: »Gratuliere, Großer. Gratuliere.«

Oskar war ja so stolz!

# Der Jugendscout kommt

Über dem Meer aus Wellblechhütten am Rande der großen afrikanischen Stadt Duala wird es dunkel. Es wird früh dunkel über den Wellblechhütten. Es wird schnell dunkel und es wird sehr dunkel.

In einer der vielen Hütten, die die Leute selbst zusammengebastelt haben, sitzen Sammi und André auf dem Fußboden und essen.

Sammi verbringt die Abende in der Wellblechhütte. André geht nach dem Abendessen immer weg und kommt erst spät in der Nacht wieder, wenn überhaupt. Aber vorher sagt André oft: »Draußen ist es zu gefährlich für dich, Sammi. Du bist erst sechs.«

André ist Sammis Bruder. Sammi hat sonst niemanden mehr. Mama ist tot und Papa ist weg.

In dieser Nacht jedoch kommt André schon vor Mitternacht zurück. Er weckt Sammi. »Hör zu!«, erzählt André aufgeregt. »Sie sagen, es kommt ein Jugendscout aus Deutschland.«

Sammi hat keine Ahnung, was André meint.

André sagt: »Wenn der Scout kommt, dann musst du zeigen, was du kannst. Sonst kaufen sie dich nicht.«

Wieso mich?, denkt Sammi. Wieso sollten sie mich kaufen?

Er fragt André: »Wenn sie mich kaufen, was passiert dann?«

André antwortet knapp: »Frag nicht so viel.«

Wenn André »Frag nicht so viel« sagt, dann hat er selbst keine Antwort. »Wenn sie dich kaufen, kommst du nach Deutschland in ein Fußball-Internat und verdienst viel Geld!«

»Viel Geld?«, fragt Sammi ungläubig.

»Ja! Und das schickst du dann zu mir. Und ich sorge für die Familie.«

Die Familie, das sind Onkel und Tanten und Nichten und Neffen und ein Haufen anderer Leute. Sammi interessiert sich nicht für Geld. Er will lieber wissen, ob er in Deutschland ganz allein wäre. Aber die Antwort ist ja klar. Natürlich wäre er dort ganz allein.

Am nächsten Tag geht Sammi nach der Schule wie immer Fußball spielen. Diesmal kommt André mit.

Er setzt sich und beobachtet Sammi. Nach einer Weile nimmt er ihn an der Schulter und sagt: »Du musst schneller reingehen und härter!«

Sammi nickt.

André erklärt: »In einer Woche kommt der Jugendscout. Da kommt's drauf an!« Dann geht André davon. Sammi sieht ihm nach.

In einer Pause fragt Sammi seinen Freund Solomon: »He, Solo. Hast du von dem Scout aus Deutschland gehört?« Solo nickt: »Ja, aber meine Mama und mein Papa meinen, ich bin zu klein.«

Solo ist sechs, wie Sammi.

»Und Michel?«, fragt Sammi nervös.

Michel ist zehn. Er ist Solos Bruder. »Auch zu klein«, sagt Solo.

Sammi erzählt Solo, dass André hofft, dass sie ihn kaufen. Da beginnen Solos Augen zu leuchten. »Ich würde so gern nach Europa. Am liebsten mit dir zusammen. Dann könnten wir uns ein Zimmer teilen!«

Darauf ist Sammi noch gar nicht gekommen. Aber es ist auch einerlei, denn keiner seiner Freunde darf dem Jugendscout vorspielen.

Sammi kennt Deutschland nur aus dem Fernsehen. Er kennt die Fußballer und die Stadien. Er hat gehört, dass es in Deutschland sehr sauber sein soll. Und dass die

Leute reich sind und sehr ernst. Sehr, sehr ernst. Maurice war in Deutschland. Als er zurückkam, hat er erzählt: »In Deutschland singen sie nicht, sie tanzen nicht. Sie lachen nicht!«

Sammi hat sich gefragt, wieso nicht. Er fürchtet sich vor Deutschland, wo es sauber ist und keiner lacht.

»Ich will nicht nach Deutschland«, sagt Sammi am Abend zu André. Aber der entgegnet nur: »Sammi, deine einzige Chance ist es, Fußballer zu werden.« Sammi bleibt stumm. Auf einmal wird Andrés Stimme ganz sanft. »Sammi!«, sagt er. »Denk an Eto'o.«

Sammi ist still. Immer wenn André nicht weiterweiß, dann kommt er mit Samuel Eto'o. Dem Kapitän der kamerunischen Nationalmannschaft, Afrika-Meister, Champions-League-Sieger mit dem FC Barcelona und Inter Mailand und, und, und.

»Du trägst seinen Namen!«, erklärt André. »Sammi, die Kurzform von Samuel. Und Eto'o, der hat es geschafft.«

Sammi nickt. Aber wie viele haben es nicht geschafft? Maurice hat erzählt, dass sie ihn zum Probetraining nach Deutschland geflogen haben. Dann haben sie ihn zwanzig Minuten auf den Platz gestellt und anschließend weggeschickt. »Sie haben mir nicht einmal das Geld für den Rückflug gegeben«, hat er erzählt. Er musste es sich zusammenbetteln. Und klauen.

Maurice ist jetzt wieder zu Hause und verkauft Sandalen. Die bastelt er aus alten Autoreifen. Maurice träumt von einer zweiten Chance. Aber André sagt immer: »Keiner gibt dir eine zweite Chance.«

Sammi denkt an Maurice, will aber André nicht widersprechen.

»Du bist doch mein Zuchtpferd«, sagt André sanft. Sammi will kein Zuchtpferd sein. Er will mit seinen Freunden Fußball spielen, zur Schule gehen, singen und lachen. Er will nicht weg von zu Hause.

Dann ist es so weit. Der Jugendscout kommt. André

weicht Sammi nicht von der Seite. »Wenn er dich fragt, wie alt du bist«, erklärt André, »dann sagst du, du bist fast zehn.«

Sammi sagt nichts.

Der Jugendscout ist weiß und sieht eigentlich ganz gemütlich aus. Auf dem staubigen Platz haben sie ein Fußballfeld abgesteckt. Der Scout hat zur Sicherheit einen Ball mitgebracht. Einen original WM-Ball! Alle gucken den Ball an, aber keiner sagt was.

»Los!«, ruft jemand. Die Horde Jungs setzt sich in Bewegung. Von Sammis Freunden ist keiner da. Sammi ist der Jüngste und der Kleinste. Aber André ist es egal, dass Sammi noch ein Kind ist. Sammi ist Andrés Zuchtpferd. Sammi rennt hinter dem Ball her, als ginge es um sein Leben.

Der Scout pfeift ab. Alle Jungs bleiben stehen. »Du!«, ruft der Scout. »Kleiner.« Er meint Sammi.

Sammi kommt zu ihm. »Wie alt bist du?«, fragt der Scout.

Sammi zögert. Er blickt zu André hinüber. Soll er lügen, damit sie ihn kaufen?

André nickt. »Na los!«, formen seine Lippen.

Sammi sieht den Scout an. Dann sagt er: »Fast zehn.«

Der Scout überlegt. »Dafür bist du aber verdammt klein.«

Darauf weiß Sammi nichts zu sagen.

Als sie weggehen, ist André wütend. »Eine Wachstumsstörung? Du hättest eine Wachstumsstörung? Das darf ja wohl nicht wahr sein. Wenn der nächste Scout kommt, versuchen wir es wieder.«

Sammi ist glücklich. Bis der nächste Scout kommt, ist es noch viel Zeit.

Vielleicht darf Solo dann mitmachen und sie gehen gemeinsam nach Europa und teilen sich ein Zimmer.

# Der Sammelrausch

Tim rutscht ungeduldig auf dem Sessel herum. Rita quatscht und quatscht. Hoffentlich rückt sie bald mein Taschengeld heraus, denkt Tim. Jede Woche, wenn Rita, Mamas Mutter, zu Besuch kommt, gibt es Tiefkühltorte und Unmengen Kaffee. Rita erzählt dann von früher und Tim bekommt zum Schluss fünf Euro von ihr.

Rita mag es nicht, wenn Tim »Oma« zu ihr sagt, weil sie nur siebzehn Jahre älter ist als Mama. »Ich bin gerade mal zweiundvierzig!«, schnauft sie immer.

Mit den fünf Euro von Rita geht Tim immer sofort zum Zeitschriften- und Getränkeladen an der Kreuzung neben der Dönerbude. Für fünf Euro kriegt man vier Tüten mit Fußball-Sammelbildchen. Tim hat schon fast das Bundesliga-Sammelalbum der Saison komplett. Als Einziger in der ganzen Schule.

Rita rührt noch Zucker in den Kaffee. Mama wippt Luiselotte auf ihrem Oberschenkel. Tim guckt auf die Uhr. Wenn Rita mit dem Geld nicht bald in die Pötte kommt, dann darf er nicht mehr raus und muss bis morgen auf die neuen Sammelbilder warten. Und das wäre eine Voll-Katastrophe für ihn. Er braucht die Bilder. Er braucht Nachschub. Er muss das Heft vollkriegen.
Luiselotte patscht mit der Hand auf Ritas Teller. Voll in die Torte. Matsch. Sahne landet auf Ritas Rock.
»Kindchen!«, lacht sie. »Das muss ich schnell auswaschen«, sagt sie zu Mama. Luiselotte kräht. Tim späht auf die Uhr. Viertel vor sechs. Um sechs ist »Schicht am Schacht«, wie Mama sagt, wenn sie Ende meint.
Wo bleibt die denn so lange?, denkt Tim, weil Rita immer noch auf dem Klo ist. Zehn vor sechs. »Räum schon mal den Tisch ab, Tim«, fordert Mama ihn auf.
»Immer ich!«, mault Tim, aber er gehorcht.
Als Rita vom Klo kommt, ist es fünf vor sechs. »So, ich geh dann mal«, sagt sie. Endlich, denkt Tim.
Rita zieht ihren Mantel an und legt den Schal um. Luiselotte kiekst. »Du kleiner Wonneproppen!«, säuselt Rita und beugt sich zu Luiselotte herunter, um sie zu knuddeln.
Mann, das dauert ja ewig!, denkt Tim.

Dann schmatzt sie Tim einen Kuss auf die Wange. »Bleib sauber, Kleiner.«

»Mach ich«, nickt Tim und denkt: Was ist jetzt mit meinen fünf Euro?

»Tschüss, mein Kind«, sagt Rita zu Mama. »Ach!«, ruft Rita. »Das hätte ich ja fast vergessen.«

Endlich, denkt Tim, als Rita ihm den grauen Schein in die Hand drückt.

Da schlägt die Uhr auf dem Fernseher sechs Mal. »Mama, ich lauf eben rüber . . .«

»Nix da. Hier ist jetzt Schicht am Schacht«, sagt Mama und dreht den Schlüssel in der Wohnungstür zweimal um. Tim quengelt, aber Mama lässt ihn nicht mehr raus.

Am nächsten Morgen ist der Laden zu. »Wegen Krankheit heute bis Mittag zu!«, steht auf einem Zettel, der mit Tesafilm am heruntergelassenen Rollladen festgeklebt ist.

»So ein Mist!«, zischt Tim. Zu einem anderen Laden schafft er es nicht, wenn er nicht zu spät zum Unterricht kommen will. Und das will er nicht.

»Ich hab so ein Gefühl«, sagt er in der großen Pause zu seinen Freunden. »Heute krieg ich das Album voll.« Er will den anderen die fehlenden Spieler zeigen. Und er will die Alben der anderen sehen. Und vor allem will er ihnen ein paar seiner Bilder zum Tausch anbieten. Denn er hat fast alle zwei-, drei-, manche sogar viermal. Aber seine Freunde sind davon nicht halb so begeistert wie Tim. Moritz will lieber Fußball spielen. Philipp auch. Lenni auch.

»Mit euch ist echt nichts los«, ruft Tim und verdreht die Augen. »Das sagt ja der Richtige«, gibt Moritz zurück. »Ich hab bald mein Album voll und ihr seid doch nur neidisch«, entgegnet Tim und ist jetzt richtig sauer.

»Hat eben nicht jeder 'ne Oma mit dickem Geldbeutel«, sagt Lenni noch.

Tim geht weg. Sollen sie doch Fußball spielen. Er macht jetzt sein Album voll. Das hat er im Gefühl. Liebevoll zieht er das Heft aus der Schutzhülle und betrachtet die einzelnen Bilder. Er hat so lange dafür gebraucht. Hat getauscht und natürlich immer neue Tütchen mit Bildern gekauft. In seiner Tasche hat er drei Stapel mit übrig gebliebenen Karten. Drei fette Stapel.

Nach der Schule rennt Tim zum Laden, kauft für das ganze Geld Sammelbilder. Und tatsächlich: Sein Gefühl hat nicht getrogen. »Mama!«, ruft er, als er zur Tür hereinkommt. »Mein Album ist komplett.«

Mama holt gerade das Essen aus der Mikrowelle und nickt: »Schön für dich, Kleiner.«

»Ich geb einen aus«, sagt er zu Moritz am Telefon. »Um drei bei mir?«

Um drei kommen Moritz und die anderen. Es gibt Kakao und Donuts. Sie blättern durch die Hefte. Der Streit vom Vormittag scheint vergessen.

»Wollen wir noch raus, Fußball spielen?«, fragt Tim. Er will nicht als Spielverderber dastehen.

Bis kurz vor sechs kicken sie herum. Dann ist Schicht am Schacht.

Als Tim in sein Zimmer kommt, will er als Erstes das Album noch mal ansehen. Aber es ist weg. »Mama, hast du mein Album gesehen?«

»Was denn für ein Album?«, ruft sie zurück. Tim sucht überall. Aber es ist weg. So eine Sauerei. Da haben sie so getan, als wäre alles wieder okay. Nur um ihm heimlich sein Album zu klauen. Diese Neidhammel.
Rausgehen darf Tim jetzt nicht mehr. Telefonieren auch nicht. Aber wartet nur, morgen!
»Ihr seid ganz gemeine Diebe. Eifersüchtige Neidhammel! Klaut mir mein Album!«, schreit er wütend Moritz, Philipp und Lenni an, noch bevor die was sagen können. »Her damit!«

»Tickst du nicht mehr ganz richtig?«, sagt Moritz sauer. »Wer will denn dein blödes Heftchen haben?«

»Los, gebt es her!«, ruft Tim.

»Verzieh dich, du Spinner!«, sagt Lenni.

Und da kommt auch schon der Lehrer. Tim weiß nicht, was er machen soll. Dem Lehrer alles erzählen? Mama bitten, dass sie Moritz' Mutter anruft? Nee, das würde Mama nie machen.

Immer noch kochend vor Wut kommt Tim nach Hause. Mama ruft: »Tim, kannst du mal besser auf deinen Kram aufpassen?«

»Warum denn?« Und da sieht Tim es schon: Auf dem Küchentisch liegt sein Sammelalbum. Mama erklärt: »Das war im Windeleimer. Hat Luiselotte wohl da reingestopft. Du weißt, dass du deine Zimmertür zumachen musst. Sonst räumt dir die Kleine alles aus.«

Tim betrachtet das Album. Es sieht etwas lädiert aus. Aber schlimmer ist: Er hat seine Freunde verloren. Wegen eines Irrtums. Nein, nicht wegen eines Irrtums, sondern weil er so blöd gewesen ist. Er hält das Heft in der Hand. Das komplette Album, auf das er so lange hingearbeitet hat. Jetzt ist es voll. Und was hat er davon? Nichts. Doch, fünf Euro hat er jetzt jede Woche mehr. Aber das ist egal. Er muss sofort etwas unternehmen.

»Ich war ein Idiot«, sagt Tim zu Moritz, Philipp und Lenni. »Mein Kopf war nur noch bei den Bildchen. Ich war im Sammelrausch.«

Die Jungen sehen einander schweigend an.

»Es tut mir echt leid.« Tim hält ihnen das Album hin. »Ihr könnt es haben«, schlägt er vor. Philipp sieht Tim an und sagt: »Behalt dein Heft.«

»Ja, als Erinnerung«, fügt Lenni hinzu. »Wie bescheuert du warst«, setzt Philipp nach. »Und jetzt komm. Zwei gegen zwei.«

Sie spielen bis kurz vor Schicht am Schacht. Das Album liegt unbeachtet auf der Erde. Und Tim ist so richtig froh.

# Schlachtenbummler

Paul schleicht leise in das Schlafzimmer seiner Eltern. Er kann einfach nicht mehr länger warten. Sind sie schon wach? Paul lugt um die halb offen stehende Tür herum, da geht mit einem Mal das Licht an. Mama singt: »Zum Geburtstag viel Glück.« Papa grinst und brummt ein bisschen mit. Paul strahlt über das ganze Gesicht. »Ihr seid ja schon wach!«

»Was denkst du denn?«, fragt Mama. »Herzlichen Glückwunsch, mein Sohn«, sagt Papa und zeigt auf die Päckchen, die auf der Wäschetruhe liegen.

Paul staunt. Es gibt große, kleine, längliche Päckchen. Da könnte ein Trikot drin sein, da vielleicht ein Schuhkarton. »Los, mach auf!«, fordert Papa ihn auf.

Auf dem Weg zur Schule beschleicht Paul wieder dieses blöde Gefühl. Klar, er hat die tollen Geschenke bekommen. Aber wie soll er Julian erklären, dass er in den Fußballverein eintritt? Dass er ab sofort zweimal in der Woche zum Training geht und an den Wochenenden ein Spiel hat?

Klar, bisher hat Paul auch manchmal Fußball gespielt. Aber wenn er mit Julian zusammen ist, dann spielen sie Basketball. Darin ist Julian fast noch besser als er. Fußball spielen kann er ja nicht.

Als Paul ins Klassenzimmer kommt, ist Julian schon da. »Herzlichen Glühstrumpf!«, ruft er und kommt auf Paul zugerollt. »Geschenk gibt's später.«

»Danke«, antwortet Paul und wirft einen Blick auf Julians Rollstuhl. Klar, er hat das Ding schon zehntausendmal gesehen. Es ist ein ultraleichtes Sportmodell mit schräg stehenden Rädern. Julian ist damit schneller und wendiger als manche, die gehen können. Für Paul ist der Rollstuhl normal. Er kennt Julian ja kaum ohne. Sie kennen sich seit dem Kindergarten. Aber jetzt ist auf einmal alles anders. Paul weiß nicht, was er sagen soll. Die Mathelehrerin kommt herein und lässt sie gleich einen Test schreiben.

»Was hast du gekriegt?«, fragt Julian in der großen Pause. Paul gibt ihm eine Erdbeermilch aus und zählt auf: »Ein PC-Spiel, ein Brettspiel, ein Malbuch, was für den Technik-Baukasten.« Während Paul redet, überlegt er:

67

Soll ich das Trikot erwähnen? Und die Schuhe? Den Ball? Und vor allem den schwarz glänzenden Vereinsausweis, in den sein Vater schon ein Foto geklebt hat? Und dann denkt er: Ja, man muss ehrlich zu seinen Freunden sein. Er zählt auf: »Ein Trikot von der Eintracht, Fußballschuhe . . .«

Julians Gesicht sieht aus wie versteinert. Paul sieht ihn ganz belämmert an. Dann erzählt er: »Ich geh jetzt in den Fußballverein!«

Was wird Julian jetzt wohl sagen? Doch der prustet los: »Wie du guckst!«

»Was lachst du denn so?«, fragt Paul.

»Mann, ich hab schon gedacht, das wird nie was!«, kichert Julian.

»Wie jetzt?« Paul versteht nur Bahnhof.

»Ich bin nicht in den Basketballverein wegen dir«, erklärt Julian.

»Und ich nicht in den Fußballverein wegen dir«, sagt Paul.

»Bescheuert!«, grinst Julian. »Absolut«, lacht Paul.

»Seit mindestens einem Jahr warte ich darauf, dass du in den blöden Fußballverein gehst«, sagt Julian.

»Damit du in den Basketballklub kannst?«, fragt Paul.

»Ja, klar. Aber ich hab gedacht: Was macht der arme Paul dann ohne mich?«

»Und ich hab gedacht, was macht der arme Julian ohne mich, wenn ich in den Fußballverein gehe!«, sagt Paul. Beide müssen wieder lachen. »Aber«, Paul stockt. »Sag mal, wenn wir jeder zweimal die Woche trainieren und am Wochenende ein Spiel haben, wann sehen wir uns dann noch?«

Julian grinst: »Alles schon geklärt. Ihr spielt samstags, oder?« Paul nickt. »Wir meistens sonntags«, erklärt Julian.

Paul kapiert sofort: »Dann können wir uns ja gegenseitig anfeuern! Wir werden Schlachtenbummler.«

Am Samstag bestreitet Paul sein erstes Spiel. Julian sitzt am Spielfeldrand, in der Hand einen Wimpel in den Vereinsfarben der Eintracht. Paul rennt wie ein Hase, aber die anderen sind besser. »Du musst noch viel lernen«, sagt der Trainer in der Pause und wechselt Paul aus. Paul ist geknickt.

»He, das wird schon!«, tröstet ihn Julian. Wahrscheinlich hat er recht.

Am Sonntag spielt Julian in der Jahn-Halle. Paul sitzt auf der Tribüne. Julian ist saugut. Er wirft Korb um Korb. »Kein Wunder!«, schnauft er nach dem Schlusspfiff. »Schließlich haben wir jeden Tag trainiert.«

»Stimmt!«, lacht Paul. »Komm, ich geb einen aus auf unseren Sieg!«, sagt Julian und rollt los.

Paul läuft froh nebenher. Einmal Freunde, immer Freunde, denkt er.

# Der Ball

Er war noch ganz jung, ganz frisch, gerade aus der Sportartikelfabrik gekommen. Ein Top-1A-Qualitätsball mit DFB-Zertifikat, FIFA-Zulassung und Champions-League-Befähigung. Der Ball hieß Baldur. Und er war stolz. Dies war sein erstes Spiel. Und noch dazu in einem ausverkauften Stadion. Er lag auf einem Kissen aus rotem Samt auf einer Säule im Umkleidetrakt des Stadions.

Von draußen hörte man die 80.000 Zuschauer singen und rufen. Aus den riesigen Lautsprechern dröhnte Rockmusik. Und da! Da! Da kam der Schiedsrichter. Ganz in Schwarz wie ein Pfarrer oder ein Richter und nahm Baldur mit den Händen vorsichtig von dem Samtkissen und klemmte ihn sich unter den Arm.

Der Schiedsrichter nickte den Spielführern der beiden

Mannschaften kurz zu und schritt voran. Vorbei ging es an Fotografen, die alle immer nur Baldur knipsten, an wichtigen älteren Herren, die Baldur bestaunten, zwischen den Trainerbänken hindurch. Baldur sah sein Foto schon auf den Titelseiten der Zeitungen und Magazine.

Nun betrat der Schiedsrichter den Rasen. Baldur blieb fast die Blase stehen. Hinter dem Schiedsrichter gingen die Linienrichter. Alle bewachten Baldur, damit ihn niemand berührte, der das nicht durfte. Auf den Rängen wogte das Meer aus Menschen hin und her. Riesige Fahnen wurden geschwenkt, Konfetti und Luftschlangen regneten vom Stadiondach herab. Alles nur, um ihn zu begrüßen.

Der Schiedsrichter hatte schließlich den Mittelkreis erreicht und legte Baldur behutsam auf den Kreidepunkt. Wie schön sich das anfühlt, dachte Baldur.

Die Spitzen der Grashalme streichelten und kitzelten seine Haut. Baldur wusste, dass schon wieder eine Kamera auf ihn gerichtet war. Diesmal schwebte sie an einem dünnen Draht in der Luft über ihm.

Der Schiedsrichter loste mit den Kapitänen der beiden Fußballmannschaften den Anstoß aus und ... Moment! Den WAAAAAS? Anstoß? Auweia! Das hatte Baldur vergessen, als er so friedlich auf dem Samtkis-

sen vor sich hin gedöst hatte: Gleich würde ihm jemand vor den Kopf treten. Und dann würde das 45 Minuten so weitergehen. Dann 15 Minuten Pause. Dann noch mal 45 Minuten.

Oh nein. NEIN!, dachte Baldur. Gleich pfeift er die Partie an, gleich, gleich, gleich! Oh nein.

BUMM.

Jemand hatte Baldur vor den Kopf getreten. He! Das war gar nicht so schlecht. Wie ein geölter Blitz sauste Baldur von einem Spieler zum nächsten. Dann ins Aus. Ein Balljunge kam herbeigesprungen und hob Baldur geradezu ehrfürchtig auf. Ja, schließlich war dies nicht irgendein Spiel. Einwurf.

Huiiiiiii! Der Spieler schleuderte Baldur in weitem Bogen ins Feld. Baldur musste kichern. Das war toll. Toll!

So ging es auf und ab und hin und her, und plötzlich spürte Baldur einen ungeheuren Wumms an seinem Kopf. Er flog wahnwitzig schnell Richtung Tor. Unter sich sah er noch den Torhüter. Die Fingerspitzen seiner Handschuhe kitzelten ihn. Aber da knallte Baldur ins Netz. Ein unbeschreiblicher Jubel aus Zehntausenden von Kehlen erhob sich. »Tor!!!«

Der Stadionsprecher rief durch die Lautsprecher: »Tor – mit der Nummer neun. Bastian . . .«

Und die Menge auf den Rängen antwortete: »Schweinsteiger!«

Es stand 1 : 0 – Baldurs erstes Tor. Er war so glücklich. So glücklich, ein Ball zu sein.

# Ein Traumschuss

Linus ist vier und darf heute zum ersten Mal mitspielen. Er ist so schnell wie nie. Er umspielt einen Gegner, einen zweiten, einen dritten. Da wird er gelegt. Pfiff! Elfmeter.
Der Kapitän der Mannschaft sagt zu Linus: »Hör zu. Normal schießt nicht der, den sie gefoult haben. Aber irgendwie ist das dein Tag. Also, mach ihn rein.«
Linus nickt cool und nimmt den Ball. Er legt ihn auf den Elfmeterpunkt. Dann nimmt er Anlauf, rennt los und schießt. Der Ball fliegt. Er beschreibt eine Kurve, trifft die Latte, prallt nach oben ab, schlägt gegen den Pfosten des Flutlichts, von dort fliegt er zur Anzeigetafel, prallt davon ab, rollt über die Kurve der Laufbahn an der Werbebande entlang. Dann bleibt der Ball am Spielfeldrand liegen. Er dreht sich höllisch schnell um die eigene Ach-

se. Mit einem Mal schießt der Ball los in Richtung des gegnerischen Tors. Am Torwart vorbei ins Netz.
Tor! Tor! Tor!
»Tooooor!«, ruft Linus.
Das Publikum klatscht Beifall. Das klingt wie das Rauschen des Meeres. Linus wacht auf. Wo ist er? Ach ja. Er liegt im Sand. Sein Kopf ist heiß. Das Rauschen, das ist tatsächlich das Rauschen des Meeres.
Plötzlich fällt ein Schatten auf Linus. Er blinzelt. Da steht ein Junge. Ungefähr in seinem Alter. Der Junge sieht Linus an.
»Wollen wir spielen?«, fragt er und blickt zu Linus' Armen hinunter.
Linus folgt seinem Blick. Ach so. In seinen Armen liegt der Fußball. Er ist eingeschlafen mit dem Ball im Arm und hat von einem tollen Elfer geträumt. Leider nur ein Traum. Aber der Junge hier, der ist echt.
»Klar!«, ruft Linus und springt auf.
Und so spielen der Junge und Linus gemeinsam, bis die Sonne im Meer versinkt.

# Sabine Zett
## Die Fußballkracher

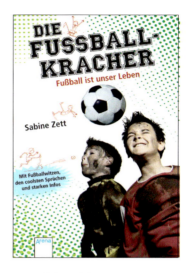

### Ab ins Stadion

### Fußball ist unser Leben

Bastis Traum wird wahr: Er darf an einem Probetraining bei einem richtigen Bundesliga-Verein teilnehmen! Klar, dass er alles daransetzt, um ins Team zu kommen. Wenn da nur nicht Kevin wäre, der Mittelfeldstar und Kapitän der Mannschaft, der Basti bei jeder Gelegenheit provoziert. Doch wenn es um Fußball geht, lässt Basti sich so schnell nicht unterkriegen!

Basti hat nur ein Ziel: Von einem Scout für einen der großen Fußballclubs entdeckt zu werden. Dafür hängt er sich richtig rein: Und als er die Chance erhält, als Auflaufkind für die Nationalmannschaft aufzutreten, weiß er sofort, was zu tun ist: Nämlich unbedingt den Bundestrainer beeindrucken. Tipps gibt ihm sein Zwillingsbruder Felix, der so gar keine Ahnung von Fußball hat. Na, wenn das mal gut geht!

144 Seiten • Klappenbroschur
ISBN 978-3-401-06572-4

144 Seiten • Klappenbroschur
ISBN 978-3-401-06528-1
www.arena-verlag.de